Fiche **philosophe**

Par Dominique Coutant-Defer

Montesquieu

lePetitPhilosophe.fr

MONTESQUIEU

ÉCRIVAIN ET PENSEUR POLITIQUE FRANÇAIS

- **Né en 1689 au château de La Brède (Bordeaux)**
- **Décédé en 1755 à Paris**
- **Quelques-unes de ses œuvres :**
  - *Lettres persanes* (1721)
  - *Considérations sur les causes de la grandeur des Romains et de leur décadence* (1734)
  - *L'Esprit des lois* (1748)

Écrivain et penseur politique français du **XVIIIᵉ siècle**, Montesquieu s'intéresse entre autres à **l'organisation politique et sociale des États**, et s'attache à la **critique des différentes formes de gouvernement**. Mais c'est également un législateur qui **réfléchit aux lois** : il souhaite fonder la constitution des États sur la base des lois naturelles qui sont, selon lui, les mieux adaptées aux divers modes de gouvernement. Il est par ailleurs le premier à penser **la séparation des pouvoirs**, annonçant par là le mouvement philosophique des Lumières.

Il a rédigé de **nombreux ouvrages** dont les plus importants sont les *Lettres persanes* (1721), un roman épistolaire, les *Considérations sur les causes de la grandeur des Romains et de leur décadence* (1734) et *L'Esprit des lois* (1748). Vivement intéressé par les sciences de la nature, Montesquieu a également publié des essais sur le climat ou sur certaines maladies.

BIOGRAPHIE

L'ÉTUDE DES TEXTES CLASSIQUES ET DU DROIT

Charles-Louis de Secondat, baron de La Brède et de Montesquieu, nait en **1689** au château de La Brède, près de Bordeaux, dans une **famille de la vieille noblesse provençale**. Il gardera toute sa vie l'accent de sa région natale. Il perd sa mère à sept ans et est envoyé dans un **collège religieux** où il passera onze ans. Mais il n'aura jamais la foi et choisira plutôt de se consacrer à **l'étude des textes classiques** de l'Antiquité romaine. À vingt ans déjà, il rédige un écrit qui défend les philosophes païens. Montesquieu reconnaitra d'ailleurs toujours son manque total d'intérêt pour la métaphysique et son attachement à la seule humanité.

Le jeune homme étudie ensuite **le droit**, avant d'être reçu comme **conseiller au parlement de Bordeaux en 1714**. Deux ans plus tard, il en devient **président à mortier**, une des charges les plus importantes de la justice française de l'époque. Au même moment, il hérite également de la fortune de son oncle et de la baronnie de Montesquieu, et épouse une riche protestante, Jeanne de Lartigue, avec qui il aura trois enfants.

LA PASSION POUR LES SCIENCES ET LES VOYAGES

Plus que ses fonctions politiques, c'est **l'académie de Bordeaux**, où s'expriment les intellectuels de la ville, qui attire Montesquieu. Il y est admis en **1716** et se lance alors dans **des études scientifiques** (l'anatomie, la botanique et la physique), rédigeant quelques ouvrages sur ces sujets (par exemple sur les glandes rénales, les causes de l'écho ou encore la transparence des corps). Il acquiert **une méthode de travail rigoureuse et expérimentale**, qu'il conservera dans ses recherches politiques, historiques et sociales. Montesquieu est décrit comme un homme pondéré, timide et avide d'ordre, qui entend avant tout conserver son entière liberté de jugement. Sa vie privée présente peu d'intérêt et n'éclaire en aucune manière ses ouvrages, par lesquels seuls il veut être connu, bien qu'il fréquente la haute aristocratie et ses salons.

Ses lectures et ses recherches inspirent de nombreuses œuvres à Montesquieu, fondées sur l'observation des hommes et de leur environnement. Son premier livre important est les Lettres persanes, rédigé entre 1717 et 1721 et publié anonymement en Hollande en **1721**, par crainte de la censure. Il s'agit d'une **correspondance fictive entre deux amis, habitants de la Perse**, qui dépeignent avec humour et précision, sur un ton satirique, la société française de l'époque, où sont en train de se dissoudre, selon l'auteur, toutes les institutions sociales, croyances et coutumes vieilles de plusieurs siècles qui soutiennent une monarchie absolue à bout de souffle. Montesquieu tente d'analyser ce mal sans pour autant encourager à la révolte. Il n'empêche que cet ouvrage, au succès foudroyant, développe dans de nombreux esprits une prise de conscience encore embryonnaire.

Élu à **l'Académie française** en **1728**, il entame ensuite **une série de voyages à travers l'Europe**. Esprit extrêmement curieux, il étudie les mœurs, la géographie, l'économie et la politique des différents pays traversés (Autriche, Italie, Allemagne, Angleterre, etc.).

UN AUTEUR À SUCCÈS

De retour chez lui en 1731, riche de ses multiples découvertes, Montesquieu publie, entre autres, ses ***Considérations sur les causes de la grandeur des Romains et de leur décadence*** en **1734**, puis s'attèle à la préparation de son œuvre majeure, ***L'Esprit des lois***. Celle-ci parait de manière anonyme en **1748** à Genève et remporte un immense succès. Né des observations et des témoignages recueillis lors de ses voyages, cet ouvrage étudie **les rapports entre, d'une part, les lois politiques et, d'autre part, la Constitution des États, la religion, les mœurs, la situation économique, le climat et la nature du sol**. Ce livre, qui est lu et discuté partout, même chez les puissants, est cependant **mis à l'Index** : Montesquieu est accusé de déterminisme par les religieux (notamment avec sa théorie des climats, sur laquelle nous reviendrons). L'auteur s'en explique dans un petit ouvrage, paru en **1750** et intitulé ***Défense de L'Esprit des lois***. Cela n'entache toutefois en rien le succès du philosophe, auquel on voue un véritable culte à la fin de sa vie, jusqu'à sa ce qu'il **succombe à la fièvre jaune, à Paris, en 1755**.

<u>**BON À SAVOIR**</u>

Le **déterminisme** est une doctrine selon laquelle le

réel constitue un système de causes et d'effets dont les relations sont nécessaires. Ainsi, le déterminisme considère que les phénomènes naturels et les actions humaines résultent d'un enchainement de causes à effets.

Montesquieu était un homme **bien intégré à la société de son temps**, nullement en révolte contre le système aristocratique, comme le fut Voltaire (1694-1778), par exemple. Bon gestionnaire de ses biens, académicien soucieux de sa réputation, homme public habitué des salons, Montesquieu était un **penseur équilibré** qui rejetait l'esprit de système et dont les écrits échappaient au caractère parfois dogmatique de la philosophie des Lumières. Ses œuvres ont suscité de nombreux commentaires et sa pensée a eu une **influence considérable sur son époque, ainsi qu'au siècle suivant**. Il a notamment inspiré les auteurs de la Constitution des États-Unis d'Amérique de 1787, ainsi que ceux de la Constitution française de 1791. Catherine II (1729-1796), impératrice de Russie, a pour sa part avoué avoir littéralement pillé *L'Esprit des lois* pour transformer le système législatif de son pays.

CONTEXTE PHILOSOPHIQUE

L'INFLUENCE DES LECTURES DE JEUNESSE

Montesquieu a lu et étudié **les grandes œuvres politiques de l'Antiquité** : *La République* et *Les Lois* de **Platon** (427-347 av. J.-C.) et *Les Politiques* d'**Aristote** (384-322 av. J.-C.) en particulier. Il a retiré de ce commerce avec les Anciens le culte des vertus politiques et s'est constitué une sorte de galerie de grands hommes, souvent des fondateurs d'empires.

Mais, de manière plus générale, son penchant naturel l'attire surtout vers **les stoïciens**, notamment vers l'empereur romain **Marc Aurèle** (121-180 apr. J.-C.). Celui-ci prône la maitrise des passions et la conformité de la vie avec la nature qui, tout comme l'individu, fait partie d'un grand Tout. Il ajoute que le caractère de l'homme le porte naturellement vers la raison et la sociabilité. L'homme est selon lui né pour vivre en société et son destin est de travailler au bien de l'humanité. Autrement dit, il lui faut constamment veiller à ce que la recherche du bien soit également profitable à tous. Montesquieu, fortement influencé par cette conception de l'homme, n'aura de cesse de son côté d'essayer d'améliorer le sort des sociétés qu'il a observées, à commencer par la société française de son époque. Ce fond de morale stoïcienne, qui s'accorde avec le tempérament quelque peu austère du philosophe, le guidera pendant toute sa vie.

BON À SAVOIR

Le **stoïcisme** est une école philosophique fondée

par Zénon de Citium (vers 335-264 av. J.-C.) au IVe siècle av. J.-C. qui se présente comme une doctrine morale austère proposant des règles de vie permettant à l'homme d'atteindre bonheur et sagesse :

- d'une part, l'homme doit vivre en harmonie avec la nature en maitrisant ses passions qui épuisent l'âme en vain. Dès lors, les stoïciens s'attachent à ne pas regretter, à ne pas avoir pitié, à ne pas être affecté par l'injustice, à ne pas ignorer, à ne pas avoir d'opinion, etc. ;
- d'autre part, il doit accepter que tout ce qui arrive doit arriver. En effet, tout est écrit d'avance. Cet assentiment au destin apporte au stoïcien la liberté et la paix de l'âme (ce qu'on appelle l'ataraxie, du grec *ataraxia*, « la tranquillité »), et lui permet de vivre parmi les hommes en acceptant la place qui lui est assignée.

Enfin, notons la véritable passion de Montesquieu pour **les œuvres de Montaigne** (1533-1592), avec qui il partage un même appétit avide de connaissance. Il a parcouru les *Essais* (1580-1588) en tous sens, les a annotés et cite même dans ses propres livres certaines des anecdotes ou historiettes dont Montaigne avait coutume d'enjoliver ses récits. Mais le côté parfois éparpillé et brouillon de Montaigne se mue chez Montesquieu en un souci de rassembler et d'ordonner. De plus, il analyse les enchainements de causes à effets et cherche à expliquer la prodigieuse diversité de la nature, là où Montaigne ne faisait que la signaler. Le souci principal de Montesquieu est de découvrir des règles dans la confusion apparente du réel.

L'EFFERVESCENCE DU XVIIIe SIÈCLE

L'importance de la raison dans la philosophie des Lumières

Le XVIIIe siècle est tout d'abord un **siècle de mutations dans les domaines scientifique et technique**, grâce aux découvertes de Galilée (1564-1642) et de Newton (1642-1727), qui fondent respectivement la nouvelle physique et la mécanique. L'observation et l'étude de la nature deviennent plus rigoureuses, et **la raison scientifique s'impose**.

La raison est le mot-clé de cette époque et a donné au XVIIIe siècle l'appellation de **« siècle des Lumières »** : celui-ci se caractérise en effet par l**a volonté de comprendre le monde à la seule lumière naturelle de la raison**. Mais la science n'est pas la seule concernée : des penseurs aussi brillants et divers que Denis Diderot (1713-1784), John Locke (1632-1704), Jean-Jacques Rousseau (1712-1778) ou encore Emmanuel Kant (1724-1804) veulent éclairer leurs contemporains dans tous les domaines (éducation, religion, droit, politique, etc.), afin de combattre l'obscurantisme qui prévalait jusque-là.

En outre, le Siècle des Lumières se caractérise également par :

- une méfiance envers les dogmes religieux et le fanatisme ;
- une critique du politique, notamment de l'absolutisme ;
- la dénonciation des injustices, de la torture et des

exclusions ;
* la défense d'idéaux tels que la tolérance, la liberté de conscience et d'expression, le bonheur individuel et le progrès (du savoir mais aussi de la civilisation et du domaine moral).

En France, la philosophie des Lumières s'est surtout développée de 1715 à 1789 et a eu une influence considérable sur les idées révolutionnaires.

La place de Montesquieu dans la philosophie des Lumières

C'est principalement **la critique politique sévère à laquelle se livre Montesquieu** au vu de son observation des sociétés européennes qu'il a fréquentées qui en fait un penseur des Lumières à part entière. Mais, plus précisément, comment se situe-t-il par rapport à deux autres intellectuels majeurs de l'époque qui se sont eux aussi penchés sur la politique, Voltaire (1694-1778) et Rousseau ?

En ce qui concerne ses relations avec **Voltaire**, aucune inimitié ne les a animés, mais **aucune complicité** ne s'est vraiment créée entre eux non plus. En réalité, ces deux grandes figures se sont à peine croisées, même s'ils connaissaient bien leurs œuvres respectives. Leurs **différends** sont essentiellement **d'ordre formel** :

* Voltaire reproche à Montesquieu sa raideur, caractéristique, selon lui, de la noblesse de robe qu'il représente. De plus, il déplore chez lui un certain manque d'ordre et de précision dans ses exposés, ainsi qu'une utilisation

abusive des récits de voyage ;

- quant à Montesquieu, il critique chez Voltaire son écriture poétique un peu facile, ses jugements hâtifs, ainsi que son écriture trop engagée et sans recul.

Les deux hommes se retrouvent cependant sur certains terrains polémiques, comme l'esclavage, qu'ils condamnent tous deux, chacun à leur manière.

Rousseau est quant à lui **imprégné des idées de Montesquieu** et la **démarche** du *Contrat social* (1762), qui étudie les principes du droit politique, est **comparable** à celle de *L'Esprit des lois*. Mais la prise en compte de la modernité par Montesquieu répugne à Rousseau, plus extrémiste dans ses vues et moins soucieux de s'adapter à la réalité politique des pays. Certains commentateurs ont d'ailleurs pu dire, au sujet des deux philosophes, que **Montesquieu a étudié ce qui est et Rousseau ce qui doit être** :

- Montesquieu s'applique à l'étude des lois réelles et des gouvernements établis, ainsi qu'à la manière dont les hommes peuvent s'en accommoder ;
- Rousseau, s'attachant à une définition de la nature de l'homme, envisage ce que les lois peuvent être et, par conséquent, doivent être, pour convenir à cette nature.

PENSÉE ET APPORT

Montesquieu avoue son inaptitude à toute réflexion métaphysique. Les causes premières lui semblant inaccessibles, il s'en tient aux causes secondes, celles dont les effets tombent sous ses sens et qu'il peut directement observer. Ainsi, **il fixe son attention sur les choses terrestres et refuse de s'élever au-dessus de l'humanité**. Il considère que Dieu se situe tellement haut que l'homme n'aperçoit même pas ses nuages.

BON À SAVOIR

La **métaphysique** désigne, dans son sens le plus courant, la science des premiers principes et des premières causes, qui se rapporte au divin. C'est pourquoi Aristote l'appelle la « philosophie première ».

Il admet cependant que les préceptes religieux sont gravés en nous par l'éducation, puis encouragés par la société : l'homme se doit d'appliquer les principes de justice et d'équité délivrés par la religion. Dès lors, même s'il ne veut pas mener une réflexion métaphysique, **l'hypothèse d'un Dieu sert donc les ambitions législatrices de Montesquieu**. En effet, sa philosophie est essentiellement sociale et politique.

LA LOI

La loi comme expression de la raison humaine

Dans *L'Esprit des lois*, son ouvrage principal, Montesquieu étudie **la notion centrale de loi**, notamment son sens dans notre monde. Ce terme a **deux significations** :

- la loi est d'une part un commandement ;
- elle constitue d'autre part un rapport de causalité, c'est-à-dire un rapport naturel, entre plusieurs éléments.

Montesquieu, découvrant que, quel que soit son sens, la loi a une même fonction (conserver), cherche à dégager la loi des lois, l'esprit des lois, autrement dit la logique qui préside aux différentes institutions. En effet, il estime qu'**il y a une certaine régularité des lois dans la mesure où celles-ci sont l'expression de la raison humaine universelle**, entendue au sens de faculté de distinguer le vrai du faux (<u>citation 1</u>). La loi reflète cette universalité et, par conséquent, régit tous les peuples de la Terre.

Plus précisément, Montesquieu distingue **trois types de lois** :

- les lois politiques : ce sont les règles qui régissent les rapports entre gouvernants et gouvernés. Elles sont à la base de l'organisation politique de la cité ;
- les lois civiles : ce sont les règles qui régissent les rapports des citoyens entre eux ;
- les lois internationales : ce sont les règles qui régissent les rapports des sociétés et des nations entre elles.

Contrairement aux lois précédentes, elles ne sont pas internes à une société particulière.

La diversité des lois

Cependant, bien que les lois soient l'expression de la raison universelle qui caractérise l'homme, le philosophe constate, au cours de ses observations, **une grande diversité de lois et de mœurs chez les différents peuples**. En effet, si le principe des lois, à savoir représenter un commandement qu'il faut respecter pour préserver les institutions d'une nation, est le même pour tous les peuples, la loi diffère dans son contenu et ses applications pratiques selon les pays. Le philosophe élabore plusieurs théories expliquant cette diversité.

La théorie des climats

La théorie des climats n'est pas nouvelle à l'époque de Montesquieu. Elle circule depuis l'Antiquité, soutenant que **le climat** (température, pluviométrie, etc.) **et la position géographique influencent le comportement des hommes**. Montesquieu récupère cette idée : son esprit critique et scientifique voit là un moyen de mettre en place une compréhension ordonnée et rationnelle du monde, fondée sur des données physiques vérifiables. Cette théorie des climats lui permet d'envisager une explication possible à la diversité des données sociopolitiques des peuples en les rapportant à des critères environnementaux (citation 2).

Sa démonstration est tout d'abord d'ordre physiologique : il étudie les effets du chaud et du froid sur l'organisme humain, qui sont effectivement indiscutables. Il insiste, par exemple, sur l'effet dynamisant du froid, à l'inverse du chaud qui a tendance à affaiblir. À partir de là, pourquoi ne pas élargir cette influence de la température et du climat à la conduite générale des peuples et à leur mode de gouvernement, c'est-à-dire à leur système politique et législatif ?

Montesquieu reprend alors la classification humaine liée au climat qu'a établie Jean Bodin (1530-1596) au XVIᵉ siècle : au Nord est associée la force, au Sud la religiosité et la soumission. Puis il applique cette différenciation aux régimes politiques :

- **dans les régions froides**, l'homme est fort, a beaucoup de connaissances, est peu sensible aux plaisirs (Montesquieu pense notamment aux Anglais) et adopte plutôt un régime politique qui lui octroie une part importante de **liberté** ;
- **dans les régions chaudes** : l'homme est davantage soumis, a un esprit de servitude, est plus enclin à la paresse et préfère le **despotisme**.

Selon Montesquieu, dans les États asiatiques, la rareté des zones tempérées et l'immense surface encouragent peu l'esprit de liberté, alors qu'en Europe, où les zones tempérées sont plus nombreuses et où les États ont une étendue moindre, c'est l'inverse.

Mais le philosophe met en garde contre un déterminisme trop rigide : il reconnaît que **la qualité des législateurs entre également en ligne de compte**. Le climat est seulement un des facteurs de ce qu'il appelle « l'esprit général » d'une nation.

La théorie de l'esprit général

L'esprit général est un concept-clé de la pensée de Montesquieu. Ce qu'il appelle l'**« esprit général » d'une nation** est à la fois :

- **ce qui la différencie des autres**, ce qui lui donne sa spécificité,
- et **ce qui dirige ses pensées et ses actes**.

L'esprit général **résulte du climat, de la position géographique, de la religion et des expériences du passé**. Aucune de ces données n'est autonome : si une de ces causes agit plus fortement sur le peuple, les autres ont moins de poids. Si une société est plutôt dominée par le climat, par exemple, les facteurs religieux auront moins d'importance. L'esprit général d'un pays n'est donc pas donné par le législateur, mais résulte d'une alchimie, d'une union de facteurs hétérogènes et mouvants (<u>citation 3</u>).

Cependant cette théorie n'est pas exempte de jugements de valeur sous la plume de Montesquieu. En effet, le philosophe avance que **certains mélanges sont plus heureux que d'autres**. Partant du principe que le but visé par un pays doit être la prospérité économique, il admet qu'en fonction de leur esprit général, certaines nations sont plus douées que d'autres. Par exemple, la paresse et la trop grande honnêteté des Espagnols leur ont fait perdre la conduite de leur commerce, tandis que la prodigieuse activité des Chinois, alliée à leur désir excessif du gain, a permis l'expansion de leur économie.

Montesquieu instaure une **philosophie politique fondée sur la pondération** : selon lui, le législateur doit absolument tenir compte des éléments constitutifs des peuples avant d'établir une quelconque législation. Autrement dit, **l'esprit général d'un peuple doit influencer les lois**. Imposer des lois et des modes de gouvernement sans prendre en compte l'esprit général aboutirait à un régime tyrannique.

LES DIFFÉRENTS TYPES DE GOUVERNEMENTS

Quel est donc le type de gouvernement idéal, **susceptible de satisfaire le plus grand nombre** et le plus apte à faire régner cet esprit de pondération indispensable, selon Montesquieu, pour assurer le bien-être et la prospérité des citoyens ? Délaissant les classifications habituelles, Montesquieu distingue **trois types de gouvernements** :

- républicain ;
- monarchique ;
- despotique.

Tandis que les deux premiers sont modérés et ont pour objectif de garantir la sureté et la liberté du peuple, le troisième incarne, selon Montesquieu, le mal absolu. Le philosophe définit chacun de ces gouvernements en fonction de sa nature (ce qui le définit, ses institutions), de ses principes (les sentiments qui animent les individus) et de ses dangers.

La république

La république est fondée sur une **organisation égalitaire** (nature) et a pour principes **la vertu et la modération**. Plus précisément, Montesquieu distingue **deux types de républiques**.

Le premier est la **république démocratique** :

- nature : l'ensemble des citoyens est souverain (c'est la souveraineté du peuple que défendra Rousseau) grâce au suffrage universel. Mais le peuple, s'il est capable de choisir ses représentants, est incapable de gouverner lui-même et doit déléguer ce pouvoir à ses élus ;
- principes : la vertu, entendue comme disposition à préférer l'intérêt général à l'intérêt individuel, ce qui passe par une éducation à renoncer à soi-même, à respecter les lois et à se dévouer à la cause publique ;
- dangers : la démagogie (du grec *dèmos*, « le peuple », et *agô*, « conduire »), un système politique dans lequel les dirigeants flattent le peuple pour s'attirer ses faveurs, et la corruption.

Le second est **la république aristocratique** :

- nature : la souveraineté est entre les mains de quelques-uns, issus de l'aristocratie et élus par le peuple. Ils se distinguent par leur naissance et sont préparés à gouverner par l'éducation reçue. En quelque sorte, c'est une démocratie restreinte et condensée. Montesquieu loue les principes de ce système politique ;
- principes : l'esprit de modération et le respect de la

dignité du peuple ;

- dangers : l'oligarchie (du grec *oligon*, « petit nombre », et *arckè*, « le pouvoir »), autrement dit le risque que l'on observe une dégénérescence au sein du gouvernement, qu'il devienne le gouvernement des plus riches, par exemple, sans souci de leurs aptitudes politiques.

La monarchie

La monarchie est fondée sur **la différenciation et l'inégalité entre les individus** (nature), et a pour principes **l'honneur et la soumission aux lois**. Un seul homme est souverain et détient son pouvoir de manière héréditaire : il n'est pas élu par le peuple. Il se doit cependant de respecter les lois, fixées et établies, par exemple par un parlement. Les pouvoirs intermédiaires comme la noblesse ou le clergé peuvent aussi servir de contreforces au pouvoir du souverain. Les dangers de ce type de gouvernement résident alors dans **l'éviction par le souverain des contrepouvoirs** et la tentation de gouverner seul.

Le despotisme

Le despotisme (du grec *despotès*, « le maitre d'un esclave ») se caractérise par le fait qu'**un seul homme détient un pouvoir arbitraire, illimité et absolu** (nature). Il est souvent arrivé à la tête du gouvernement par la force. Le despote vise un seul but : la conservation de l'État, c'est-à-dire de lui-même, car il est l'État. Les principes de ce gouvernement sont **la crainte et la violence**, avec pour but la tranquillité du despote. Le danger principal du despotisme est **la suppression de l'éducation**, l'ignorance étant la condition du maintien au pouvoir du despote. Plus il laisse le peuple dans l'ignorance, plus son pouvoir se renforce.

Montesquieu cite le roi **Louis XIV** comme **exemple de despote** : il a corrompu le pouvoir monarchique, d'essence modérée, et l'a orienté vers le despotisme. Le philosophe critique âprement cette forme de gouvernement, qui est malheureusement une dérive possible chez tous les peuples, et croit à la nécessité de profondes réformes pour la France de son époque. **Le modèle à suivre est selon lui la monarchie modérée telle qu'elle est pratiquée en Angleterre.**

POUR UNE POLITIQUE MODÉRÉE

La liberté politique

Le terme de liberté n'est pas à entendre chez Montesquieu au sens de « liberté métaphysique », définie comme le pouvoir de faire des choix. Il s'agit de **liberté politique**. Celle-ci signifie :

- d'une part, que **le citoyen a le droit de faire ce que les lois permettent** et non de faire ce qu'il veut (citation 4) ;
- d'autre part, que **chaque citoyen doit jouir d'une tranquillité d'esprit qui provient du fait de savoir sa sureté assurée** : protection de sa personne, de ses biens et de ses droits (citation 5). Le gouvernement doit donc agir de manière à ce que tout citoyen n'ait rien à craindre d'un autre citoyen.

Pour garantir la liberté politique, le philosophe reprend alors l'idée de Platon, d'Aristote et de Locke, selon laquelle le **pouvoir doit être en mesure d'arrêter le pouvoir** (citation 6). Plus précisément, cela signifie qu'il ne faut pas concentrer le pouvoir entre les mains d'un seul homme ou d'une seule assemblée, qui pourrait alors l'exercer de manière tyrannique. La liberté politique n'est dès lors envisageable que dans les États modérés.

La séparation des trois pouvoirs

Montesquieu défend la **théorie de la séparation des trois pouvoirs** nécessaires au bon fonctionnement d'un État :

- le pouvoir législatif, qui établit les lois et est représenté par le Parlement ;
- le pouvoir exécutif, qui dirige les affaires publiques selon les lois, c'est-à-dire qui applique les lois, et est représenté par le gouvernement ;
- le pouvoir judiciaire, qui juge les citoyens selon les lois, a la faculté de punir le non-respect de celles-ci et est représenté par les juridictions.

Selon le philosophe, **ces trois pouvoirs doivent être exercés par des personnes, des assemblées ou instances sociales différentes, qui interagissent et servent de contrepouvoir les unes aux autres**. Par exemple, si le juge est en même temps législateur, son pouvoir sur la vie des citoyens est arbitraire, et s'il est également exécuteur, il se transforme en oppresseur. Une stricte séparation des pouvoirs évite les débordements. Autrement dit, en divisant ainsi le pouvoir de l'État, on limite les risques d'absolutisme, car on évite que le pouvoir soit réuni entre les mains d'une seule personne ou d'un groupe de personnes (citation 7).

Par conséquent, le principe de séparation des pouvoirs permet de limiter le pouvoir de ceux qui gouvernent, qui légifèrent ou qui jugent au nom de l'État. C'est pourquoi il est au fondement d'un État démocratique : en n'attribuant le pouvoir à aucun individu ou groupe d'individus en particulier, il donne en dernière instance le pouvoir au peuple. Il permet ainsi aux individus de ne pas être de simples sujets d'un État, en lui obéissant, mais aussi de véritables citoyens, en partageant les mêmes libertés, droits et responsabilités.

La pensée politique de Montesquieu vise avant tout **l'équilibre et la modération**. Profondément humaniste (pensons à son fameux texte « De l'esclavage des nègres » dans lequel il condamne l'esclavage avant l'heure), il ne vise qu'à laisser derrière lui les hommes plus heureux qu'il ne les a trouvés, puisant dans les textes antiques le culte des vertus politiques et son idéal républicain. En cela, il peut être considéré comme un précurseur des bouleversements sociaux qui s'annoncent en cette fin de XVIIIe siècle.

EN RÉSUMÉ

Montesquieu estime qu'il y a une certaine **régularité des lois** dans la mesure où celles-ci sont l'expression de la raison humaine universelle : il s'agit là de « l'esprit des lois ». Toutefois, il n'en existe pas moins une **grande diversité de lois** chez les différents peuples.

Celle-ci s'explique par la théorie des climats, selon laquelle **le climat et la position géographique influencent le comportement des hommes**. Étudiant les effets du chaud et du froid sur l'organisme humain, le philosophe en conclut que, dans les régions froides, fort et peu sensible aux plaisirs, l'homme adopte plutôt un régime politique qui lui octroie une part importante de liberté, alors que, dans les régions chaudes, davantage soumis et plus enclin à la paresse, l'homme préfère le despotisme.

Toutefois, **le climat n'est qu'un des facteurs de « l'esprit général » d'une nation**, un concept-clé de la pensée de Montesquieu : il s'agit de ce qui lui donne sa spécificité et de ce qui dirige ses pensées et ses actes. L'esprit général résulte non seulement du climat, mais également de la religion et des expériences passées. Les législateurs doivent en tenir compte avant d'établir les lois.

Montesquieu s'est également interrogé sur le gouvernement idéal, susceptible de satisfaire le plus grand nombre. Parmi les trois types de gouvernements qu'il distingue (républicain, monarchique et despotique), il donne sa préférence à une **monarchie modérée**.

Cependant, **pour garantir le maintien de la liberté politique** des citoyens dans un État modéré, il préconise **la séparation des trois pouvoirs** (législatif, exécutif et judiciaire), qui doivent être représentés par des personnes ou des instances différentes.

Votre avis nous intéresse !
Laissez un commentaire sur le site de votre librairie en ligne
et partagez vos coups de cœur sur les réseaux sociaux !

POUR ALLER PLUS LOIN

- ALTHUSSER (Louis), *Montesquieu, la politique et l'histoire*, Paris, PUF, 2003.
- ARON (Paul), SAINT-JACQUES (Denis) et VIALA (Alain), *Le Dictionnaire du littéraire*, Paris, PUF, 2002.
- CLÉMENT (Élisabeth) *et alii*, *La Philosophie de A à Z*, Paris, Hatier, 2000.
- LEGRAND (Gérard), *Dictionnaire de philosophie*, Paris, Bordas, 1973.
- MÉDINA (José) *et alii*, *La Philosophie comme débat entre les textes*, Paris, Magnard, 1988.
- MONTESQUIEU, *Considérations sur les causes de la grandeur des Romains et de leur décadence*, Paris, Folio, 2008.
- MONTESQUIEU, *L'Esprit des lois*, Paris, GF-Flammarion, 1993.
- MONTESQUIEU, *Lettres persanes*, Paris, Le Livre de Poche, 2006.
- RUSS (Jacqueline), *Les Chemins de la philosophie*, Paris, Armand Colin, 1988.
- VERNIÈRE (Paul), *Montesquieu et L'Esprit des lois ou la Raison impure*, Paris, CDU SEDES, 1995.

TESTEZ VOS CONNAISSANCES !

ASSOCIEZ CHAQUE CITATION À L'EXPLICATION QUI LUI CORRESPOND

Citation 1 : « La loi, en général, est la raison humaine, en tant qu'elle gouverne tous les peuples de la Terre ; et les lois politiques et civiles de chaque nation ne doivent être que les cas particuliers où s'applique cette raison humaine. » (*L'Esprit des lois*, Paris, GF-Flammarion, 1993, livre 1, chapitre 3)

Citation 2 : « S'il est vrai que le caractère de l'esprit et les passions du cœur soient extrêmement différents dans les divers climats, les lois doivent être relatives et à la différence de ces passions, et à la différence de ces caractères. » (*L'Esprit des lois*, Paris, GF-Flammarion, 1993, livre 14, chapitre 1)

Citation 3 : « Plusieurs choses gouvernent les hommes : le climat, la religion, les lois, les maximes du gouvernement, les exemples des choses passées, les mœurs, les manières ; d'où il se forme un esprit général qui en résulte. À mesure que, dans chaque nation, une de ces causes agit avec plus de force, les autres lui cèdent d'autant. » (*L'Esprit des lois*, Paris, GF-Flammarion, 1993, livre 19, chapitre 4)

Citation 4 : « La liberté est le droit de faire tout ce que les lois permettent [...]. » (*L'Esprit des lois*, Paris, GF-Flammarion, 1993, livre 11, chapitre 3)

Citation 5 : « La liberté politique consiste dans la sûreté, ou du moins dans l'opinion que l'on a de sa sûreté. » (*L'Esprit des* *lois*, Paris, GF-Flammarion, 1993, livre 12, chapitre 2)

Citation 6 : « Pour qu'on ne puisse abuser du pouvoir, il faut que, par la disposition des choses, le pouvoir arrête le pouvoir. » (*L'Esprit des lois*, Paris, GF-Flammarion, 1993, livre 11, chapitre 4)

Citation 7 : « Tout serait perdu, si le même homme, ou le même corps des principaux, ou des nobles, ou du peuple, exerçait ces trois pouvoirs : celui de faire des lois, celui d'exécuter les résolutions publiques, et celui de juger les crimes ou les différends des particuliers. » (*L'Esprit des lois*, Paris, GF-Flammarion, 1993, livre 11, chapitre 6)

Explication a : l'esprit général d'une nation résulte du climat, des mœurs, de la religion, etc. Si une de ces causes agit plus fortement sur le peuple, les autres ont moins de poids.

Explication b : la loi est l'expression de la raison humaine universelle, ce qui signifie qu'elle régit tous les peuples de la Terre à travers leurs lois particulières.

Explication c : afin de garantir la liberté politique des citoyens, il ne faut pas concentrer le pouvoir entre les mains d'un seul homme ou d'une seule assemblée, de façon à ce que le pouvoir de certains puisse freiner celui des autres.

Explication d : si la république et la monarchie ont pour objectif de garantir la sureté et la liberté du peuple, le despotisme incarne le mal absolu

Explication e : tout citoyen a le droit de faire ce que les lois permettent.

Explication f : étant donné que le climat influence le caractère et le comportement des hommes, les lois doivent être
différentes selon les climats.

Explication g : le régime politique idéal est une monarchie
modérée, qui applique une politique fondée sur la pondération : il s'agit en effet de tenir compte des éléments
constitutifs des peuples pour établir une législation.

Explication h : dans les régions froides, on trouve plutôt des
régimes politiques qui octroient une part importante à la
liberté, tandis que dans les régions chaudes, on remarque
une préférence pour le despotisme.

Explication i : tout citoyen doit savoir sa sureté assurée : il
s'agit là de la liberté politique.

Explication j : si les pouvoirs législatif, exécutif et judiciaire
étaient exercés par une même personne, la tyrannie règne-
rait en maitre.

L'éditeur veille à la fiabilité des informations publiées, lesquelles ne pourraient toutefois engager sa responsabilité.

www.lepetitphilosophe.fr

ISBN version numérique : 9 782 806 249 609
ISBN version papier : 9 782 808 001 120
Dépôt légal : D/2017/12603/496

Conception numérique : Primento,
le partenaire numérique des éditeurs.